Mina Kumari

Máquinas éticas: Equilíbrio entre progresso e responsabilidade

Mina Kumari

Máquinas éticas: Equilíbrio entre progresso e responsabilidade

ScienciaScripts

Máquinas éticas: Equilíbrio entre progresso e responsabilidade

Por

Dr. Mina Kumari

Universidade K.R. Mangalam, Sohna, Gurugram

Prefácio

No domínio da tecnologia, o conceito de máquinas dotadas de capacidades de tomada de decisões éticas é, desde há muito, objeto de fascínio e preocupação. À medida que a inteligência artificial continua a avançar a um ritmo sem precedentes, as questões sobre as implicações éticas destas máquinas tornam-se cada vez mais urgentes. Este livro investiga a intrincada interação entre o progresso tecnológico e a responsabilidade moral, explorando a forma como podemos navegar nesta paisagem em evolução para garantir um futuro em que as máquinas sirvam a humanidade de forma ética e responsável.

Saudações calorosas,

Dr. Mina Kumari

Índice

Capítulo 1: A ascensão das máquinas éticas

Introdução

A abertura deste capítulo prepara o terreno, destacando o rápido avanço da inteligência artificial (IA) e o seu impacto transformador em vários sectores da sociedade. Introduz o conceito de máquinas éticas como resposta aos desafios éticos colocados pelos sistemas autónomos e pelos algoritmos inteligentes.

Perspectivas históricas

Esta secção traça as raízes históricas das considerações éticas na conceção de máquinas. Começa com as famosas "Três Leis da Robótica" de Isaac Asimov e explora a forma como estas leis fictícias influenciaram os debates no mundo real sobre o comportamento ético da IA. Também examina os primeiros debates entre filósofos e cientistas sobre as implicações éticas da criação de máquinas que podem tomar decisões autónomas.

Fundamentos de uma IA ética

Partindo da perspetiva histórica, esta parte analisa os princípios fundamentais que sustentam a IA ética. Discute as principais teorias éticas, como o utilitarismo, a deontologia e a ética das virtudes, e examina como estas teorias podem ser aplicadas para orientar o comportamento das máquinas inteligentes. O capítulo explica como as estruturas éticas ajudam os criadores e engenheiros de IA a antecipar e mitigar potenciais dilemas éticos.

Ética na aprendizagem automática

Esta secção explora a intersecção entre a ética e a aprendizagem automática. Examina a forma como as considerações éticas são integradas na conceção, formação e implementação de sistemas de IA. Discute questões como a parcialidade dos algoritmos, a transparência dos processos de tomada de decisão e as responsabilidades éticas dos criadores de IA para garantir a equidade e a responsabilização.

O papel da regulamentação e da governação

Esta parte do capítulo discute o panorama em evolução da regulamentação e governação da IA. Examina o papel dos organismos internacionais, dos governos e das normas da indústria na definição de directrizes para o desenvolvimento e a implementação éticos da IA. Explora também os desafios da aplicação de normas éticas num cenário tecnológico em rápida evolução.

Desafios éticos e oportunidades

1. **Preconceito e equidade**: Esta secção aborda a questão generalizada do enviesamento nos algoritmos de IA. Discute a forma como os enviesamentos podem ser inadvertidamente introduzidos através de dados de formação

enviesados ou de escolhas de conceção algorítmica, conduzindo a resultados injustos para determinados grupos demográficos.

Exemplos de aplicações do mundo real, como os sistemas de reconhecimento facial ou os algoritmos de policiamento preditivo, realçam as implicações éticas da IA tendenciosa.

2. **Transparência e responsabilidade**: Aqui, a tónica é colocada na importância da transparência nos processos de tomada de decisão da IA. Explora o imperativo ético de os sistemas de IA fornecerem explicações para as suas decisões, especialmente em aplicações de alto risco como os cuidados de saúde ou as finanças. O capítulo também discute os desafios de responsabilizar os sistemas de IA pelas suas acções e decisões, especialmente em cenários onde podem ocorrer danos.

3. **Privacidade e proteção de dados**: Esta secção examina as considerações éticas em torno da privacidade e da proteção de dados no contexto das tecnologias de IA. Explora questões como a recolha de dados, o consentimento e a potencial utilização indevida de dados pessoais por sistemas de IA. Os estudos de casos que envolvem dispositivos de IA de consumo ou tecnologias de vigilância ilustram os desafios éticos relacionados com a privacidade e a ética dos dados.

4. **Autonomia e controlo humano**: Discute as implicações éticas da concessão de autonomia aos sistemas de IA. Explora questões de supervisão e controlo humano sobre máquinas autónomas, salientando a importância de conceber sistemas de IA que dêem prioridade aos valores humanos e aos princípios éticos. Exemplos de veículos autónomos ou aplicações militares ilustram os dilemas éticos relacionados com a autonomia e a interação homem-máquina.

Oportunidades éticas

1. **Melhoria do processo de tomada de decisões**: Esta secção explora o modo como os sistemas éticos de IA podem melhorar os processos de tomada de decisão em vários domínios. Discute o potencial da IA para ajudar em tarefas complexas de tomada de decisões, como o diagnóstico médico ou a gestão ambiental, respeitando simultaneamente normas éticas como a beneficência e a não maleficência.

2. **Segurança e atenuação dos riscos**: Examina a forma como os sistemas éticos de IA podem contribuir para aumentar a segurança e atenuar os riscos em diferentes sectores. Discute aplicações como a manutenção preditiva em ambientes industriais ou o planeamento da resposta a catástrofes, em que a IA pode ajudar a prevenir acidentes e a minimizar os danos para as vidas humanas e o ambiente.

3. **Impacto social e inclusão**: Esta secção explora o potencial da IA ética para

promover a inclusão social e abordar as disparidades. Discute iniciativas destinadas a utilizar a IA para melhorar o acesso a cuidados de saúde, educação e outros serviços essenciais para comunidades marginalizadas. Os estudos de caso que destacam as aplicações bem-sucedidas da IA para o bem social sublinham o potencial transformador da IA ética.

Conclusão

O capítulo conclui resumindo os principais temas debatidos e sublinhando a importância de abordar considerações éticas no desenvolvimento de tecnologias de IA. Salienta a necessidade de colaboração interdisciplinar entre investigadores, decisores políticos, especialistas em ética e tecnólogos para garantir que as máquinas éticas contribuam positivamente para a sociedade, defendendo simultaneamente os valores humanos fundamentais.

Capítulo 2: Quadros para uma IA ética

Introdução

Este capítulo explora vários quadros éticos que servem de princípios fundamentais para orientar o desenvolvimento e a implantação da inteligência artificial (IA). Examina a forma como as diferentes teorias éticas podem ser aplicadas aos sistemas de IA para garantir que estão em conformidade com os valores humanos e os princípios morais.

Utilitarismo e IA

O utilitarismo é uma teoria ética consequencialista que sugere que o valor moral de uma ação é determinado pelo seu resultado ou consequência. No contexto da inteligência artificial (IA), o utilitarismo oferece um quadro para a tomada de decisões que visa maximizar a felicidade ou utilidade geral, minimizando o sofrimento ou os danos. Este tópico explora a forma como os princípios utilitaristas podem ser aplicados aos sistemas de IA e as implicações éticas de o fazer.

Visão geral da ética utilitarista

1. Princípios básicos: O utilitarismo propõe que as acções são moralmente correctas se produzirem a maior quantidade de felicidade ou bem-estar para o maior número de pessoas. Este princípio pode ser traduzido em sistemas de IA, programando-os para otimizar resultados que beneficiem a sociedade como um todo.

2. Cálculo da utilidade: Discute os desafios de quantificar e calcular a utilidade no contexto da tomada de decisões da IA. Explora a forma como os algoritmos de IA podem ser concebidos para ponderar diferentes factores e dar prioridade a acções que maximizem o bem-estar geral.

Aplicações do Utilitarismo na IA

1. Tomada de decisões éticas: Explora a forma como o utilitarismo pode informar a tomada de decisões éticas na IA. Por exemplo, os veículos autónomos podem ser programados para dar prioridade a acções que minimizem o dano global em caso de acidente, potencialmente salvando mais vidas, mesmo que isso signifique sacrificar os passageiros.

2. Atribuição de recursos: Discute a forma como os princípios utilitários podem orientar a afetação de recursos nos cuidados de saúde, em que os sistemas de IA podem ajudar a distribuir os recursos médicos para maximizar o número de vidas salvas ou melhorar os resultados gerais de saúde.

Desafios e críticas

1. Trocas e Dilemas: Examina os dilemas éticos e os compromissos inerentes à tomada de decisões utilitárias. Por exemplo, os sistemas de IA podem enfrentar

desafios para equilibrar os interesses de diferentes partes interessadas ou tomar decisões em situações moralmente ambíguas.

2. Críticas ao cálculo da utilidade: Discute as críticas ao utilitarismo, como o seu potencial para justificar acções que violam os direitos individuais ou dão prioridade aos ganhos a curto prazo em detrimento da sustentabilidade a longo prazo. Explora a forma como estas críticas se aplicam à conceção e implementação de sistemas de IA.

Implicações éticas

1. Equidade e justiça: Explora a forma como o utilitarismo pode contribuir para a equidade e a justiça nos sistemas de IA, promovendo resultados equitativos e reduzindo as disparidades. Discute a importância de abordar os preconceitos e de garantir a transparência nos processos de tomada de decisão da IA.

2. Conceção centrada no ser humano: Discute o imperativo ético de conceber sistemas de IA que dêem prioridade ao bem-estar humano. Destaca o papel das directrizes éticas e dos quadros regulamentares para garantir que os princípios utilitários são aplicados de forma responsável no desenvolvimento da IA.

Deontologia e IA

1. **Introdução à ética deontológica**: Esta secção introduz a ética deontológica, centrando-se nos princípios do dever, direitos e regras morais. Discute como as estruturas deontológicas, como a ética kantiana, enfatizam a importância da adesão a regras e princípios morais na tomada de decisões de IA. Explora conceitos como o respeito pela autonomia, a justiça e o imperativo categórico como princípios orientadores para a conceção ética da IA.

2. **Aplicações práticas**: Examina as aplicações práticas da ética deontológica na IA. Discute a forma como os sistemas de IA podem ser concebidos para respeitar os direitos humanos, defender princípios de justiça e dar prioridade a considerações éticas como o consentimento informado e a proteção da privacidade.

Ética da Virtude e IA

1. **Visão geral da ética das virtudes**: Introduz a ética das virtudes como uma estrutura que se centra no carácter e nas virtudes morais dos indivíduos e das instituições. Discute como a ética das virtudes enfatiza o desenvolvimento de traços virtuosos, como a honestidade, a compaixão e a sabedoria, nos sistemas de IA e nos seus projectistas.

2. **Implicações para a conceção de IA**: Explora as implicações da ética da virtude para a conceção e desenvolvimento da IA. Examina como os sistemas de IA podem ser concebidos para incorporar características virtuosas e promover o

comportamento ético, fomentando a confiança e a colaboração entre humanos e máquinas.

Análise comparativa dos quadros de referência

1. **Pontos fortes e fracos**: Fornece uma análise comparativa do utilitarismo, da deontologia e da ética das virtudes no contexto da IA. Discute os pontos fortes e fracos de cada enquadramento, destacando os seus potenciais contributos e limitações na abordagem dos desafios éticos no desenvolvimento e implementação da IA.

2. **Integração e síntese**: Discute o potencial de integração de múltiplos quadros éticos para resolver dilemas éticos complexos na IA. Explora o modo como as abordagens interdisciplinares e o pluralismo ético podem aumentar a robustez ética dos sistemas de IA, promovendo uma tomada de decisões éticas mais matizada e contextualmente sensível.

Conclusão

O capítulo conclui sintetizando as principais ideias da exploração de quadros éticos para a IA. Salienta a importância da aplicação de princípios éticos para orientar a conceção, o desenvolvimento e a implementação de sistemas de IA, de modo a garantir que se alinham com os valores humanos e contribuem positivamente para a sociedade. Apela à reflexão ética contínua e à colaboração interdisciplinar para enfrentar os desafios éticos em evolução colocados pelos avanços da inteligência artificial.

Capítulo 3: Desafios na implementação de máquinas éticas

Introdução

Este capítulo explora os desafios práticos e as complexidades envolvidas na implementação de directrizes e princípios éticos na conceção, desenvolvimento e implementação de sistemas de inteligência artificial (IA). Examina vários obstáculos e considerações que surgem quando se procura garantir que as tecnologias de IA funcionam de forma ética e responsável.

Preconceito e equidade

1. **Introdução ao enviesamento na IA**: Discute a questão generalizada do enviesamento nos algoritmos de IA, que pode conduzir a resultados injustos para determinados grupos demográficos. Explora a forma como os enviesamentos podem ser inadvertidamente introduzidos através de dados de formação enviesados, escolhas de conceção algorítmica ou enviesamentos históricos incorporados em estruturas sociais.

2. **Impacto na equidade**: Examina as implicações éticas da parcialidade na IA, particularmente em aplicações como algoritmos de contratação, policiamento preditivo e sistemas de aprovação de empréstimos. Discute como a IA tendenciosa pode perpetuar ou exacerbar as desigualdades existentes e minar a equidade, a justiça e a igualdade de oportunidades.

Transparência e explicabilidade

1. **Importância da transparência**: Discute o imperativo ético de os sistemas de IA serem transparentes sobre os seus processos de tomada de decisão e algoritmos subjacentes. Explora a forma como a transparência aumenta a responsabilidade, promove a confiança e permite que as partes interessadas compreendam e contestem as decisões da IA.

2. **Desafios da explicabilidade**: Examina os desafios de alcançar a explicabilidade na IA, particularmente em modelos complexos como as redes neuronais profundas. Discute técnicas e abordagens para tornar os sistemas de IA mais interpretáveis sem comprometer o seu desempenho ou eficácia.

Responsabilidade e obrigação de prestar contas

1. **Definição de responsabilidade**: Explora o conceito de responsabilidade no contexto da IA, incluindo a atribuição de responsabilidade pelas decisões e acções da IA. Discute desafios como a difusão da responsabilidade, a responsabilidade legal e a necessidade de quadros claros para atribuir a responsabilidade.

2. **Supervisão ética e governação**: Discute o papel das estruturas de governação,

regulamentos e orientações éticas para garantir a responsabilização e a implementação responsável da IA. Examina os esforços internacionais, as normas da indústria e os quadros regulamentares destinados a promover práticas éticas de IA e a atenuar os riscos.

Privacidade e proteção de dados

1. **Preocupações com a privacidade dos dados**: Examina as considerações éticas em torno da privacidade e proteção de dados em sistemas de IA. Discute questões como a recolha de dados, o consentimento, a anonimização e a potencial utilização indevida ou o acesso não autorizado a dados pessoais por parte das tecnologias de IA.

2. **Assegurar práticas de dados éticas**: Explora estratégias e tecnologias para salvaguardar a privacidade na IA, incluindo técnicas de preservação da privacidade, minimização de dados e armazenamento e transmissão seguros de dados. Discute as responsabilidades éticas dos programadores de IA e das organizações para dar prioridade à privacidade do utilizador e à ética dos dados.

Design centrado no ser humano

A conceção centrada no ser humano (HCD) é uma abordagem à conceção de sistemas, produtos e serviços que dá prioridade às necessidades, preferências e comportamentos dos utilizadores. No contexto da inteligência artificial (IA), a conceção centrada no ser humano visa criar sistemas de IA que reforcem as capacidades humanas, melhorem a experiência do utilizador e respeitem os princípios éticos e os valores sociais.

Compreender as necessidades e o contexto do utilizador

1. Investigação do utilizador: Discute a importância de realizar uma investigação abrangente do utilizador para compreender as necessidades, preferências e comportamentos dos utilizadores que interagem com os sistemas de IA. Explora métodos como entrevistas, inquéritos e estudos de observação para obter informações sobre as motivações e os desafios dos utilizadores.

2. Investigação contextual: Examina a forma como a investigação contextual pode proporcionar uma compreensão mais profunda, observando os utilizadores no seu ambiente natural e descobrindo necessidades e comportamentos implícitos que influenciam as suas interacções com as tecnologias de IA.

Princípios de conceção para uma IA ética

1. Transparência e explicabilidade: Discute o imperativo ético de os sistemas de IA serem transparentes quanto às suas capacidades, limitações e processos de tomada de decisão. Explora os princípios de conceção que promovem a explicabilidade, permitindo aos utilizadores compreender como a IA chega às suas decisões e

fomentando a confiança.

2. Controlo e autonomia do utilizador: Explora os princípios de conceção que permitem aos utilizadores manter o controlo sobre os sistemas de IA e as suas interacções. Discute a importância de fornecer aos utilizadores opções de personalização, ajuste de preferências e a capacidade de intervir ou anular as recomendações da IA.

Considerações éticas na conceção

1. Respeito pela privacidade: Discute estratégias para a conceção de sistemas de IA que respeitem a privacidade do utilizador e os princípios de proteção de dados. Explora técnicas como a minimização de dados, a anonimização e o tratamento seguro de dados para mitigar os riscos de privacidade e aumentar a confiança do utilizador.

2. Atenuação de preconceitos: Examina as estratégias de conceção para atenuar o enviesamento nos sistemas de IA, como a auditoria algorítmica, conjuntos de dados de formação diversificados e algoritmos conscientes da equidade. Discute as implicações éticas da IA tendenciosa e a importância de conceber sistemas que dêem prioridade à justiça e à inclusão.

Interface do utilizador e design de interação

1. Interfaces intuitivas: Discute a importância da conceção de interfaces de utilizador (IU) intuitivas e de interacções que facilitem interacções sem descontinuidades e significativas com sistemas de IA. Explora princípios de conceção da IU, como a simplicidade, a clareza e o feedback do utilizador, para melhorar a usabilidade e a satisfação do utilizador.

2. Apoio ético à decisão: Explora o papel da IA no fornecimento de apoio à decisão ética aos utilizadores, ajudando-os a fazer escolhas informadas e éticas em cenários complexos. Discute considerações de conceção para apresentar informações, recomendações e implicações éticas de forma transparente para os utilizadores.

Avaliação e Iteração

1. Testes de usabilidade: Examina o papel dos testes de usabilidade e da avaliação no aperfeiçoamento dos sistemas de IA com base no feedback dos utilizadores e nos dados de interação. Discute os processos de conceção iterativos que dão prioridade à melhoria e adaptação contínuas para satisfazer as necessidades dos utilizadores e as normas éticas em constante evolução.

2. Avaliação do impacto ético: Discute a importância de efetuar avaliações de impacto ético ao longo do ciclo de vida da conceção e desenvolvimento de

sistemas de IA. Explora quadros e metodologias para avaliar as implicações éticas das tecnologias de IA nos utilizadores, na sociedade e no ambiente.

Conclusão

O capítulo conclui sintetizando os principais desafios discutidos e salientando a importância de abordar considerações éticas na implementação de tecnologias de IA. Destaca a necessidade de colaboração interdisciplinar, reflexão ética e envolvimento das partes interessadas para navegar nas complexidades e garantir que os sistemas de IA funcionam de forma ética, responsável e em alinhamento com os valores e normas sociais.

Capítulo 4: Estudos de caso em conceção ética de máquinas

Introdução

Este capítulo apresenta uma série de estudos de caso pormenorizados que ilustram aplicações reais de considerações éticas na conceção, desenvolvimento e implementação de sistemas de inteligência artificial (IA). Cada estudo de caso examina os dilemas éticos, as escolhas de conceção, os sucessos e os desafios encontrados na integração de princípios éticos na tomada de decisões das máquinas.

Veículos autónomos: Garantir a segurança e a tomada de decisões éticas

1. **Introdução aos veículos autónomos**: Fornece uma visão geral dos desafios éticos e oportunidades na conceção de veículos autónomos (AVs). Discute os potenciais benefícios dos veículos autónomos, como a redução de acidentes e congestionamentos, ao mesmo tempo que explora as preocupações éticas relacionadas com a segurança, a responsabilidade e os algoritmos de tomada de decisões.

2. **Estudo de caso: O problema do trólei e a ética dos veículos autónomos**: Examina a famosa experiência de pensamento do "problema do carrinho" e a sua aplicação à ética dos veículos autónomos. Discute a forma como os AVs devem dar prioridade à segurança dos passageiros em relação à segurança dos peões em cenários de acidentes inevitáveis e explora diferentes enquadramentos éticos aplicados à tomada de decisões sobre AVs.

3. **Soluções de conceção éticas**: Discute soluções de design para AVs éticos, tais como algoritmos de programação para dar prioridade à minimização de danos em cenários de acidente, integrando directrizes éticas nas normas da indústria AV e promovendo o diálogo público sobre a ética AV.

IA nos cuidados de saúde: equilibrar a inovação com o bem-estar dos doentes

1. **Introdução à IA nos cuidados de saúde**: Explora o papel da IA nos cuidados de saúde, incluindo algoritmos de diagnóstico, medicina personalizada e gestão dos cuidados dos doentes. Discute os desafios éticos, como a privacidade do paciente, a segurança dos dados e o uso responsável da IA na tomada de decisões médicas.

2. **Estudo de caso: IA no diagnóstico médico**: Examina um caso em que os sistemas de diagnóstico baseados em IA são implementados em contextos de cuidados de saúde. Discute considerações éticas relacionadas com a exatidão, a parcialidade, o consentimento informado e o impacto nas relações médico-paciente.

3. **Soluções de conceção ética**: Discute estratégias para a conceção de sistemas éticos de IA para os cuidados de saúde, incluindo a garantia de transparência nos

processos de diagnóstico, a proteção da privacidade dos doentes através de práticas seguras de tratamento de dados e a integração da supervisão humana para verificar as recomendações da IA.

IA ética na justiça penal: Garantir a equidade e a responsabilidade

1. **Introdução à IA na Justiça Criminal**: Explora a utilização da IA em aplicações de justiça criminal, como o policiamento preditivo, algoritmos de avaliação de risco e recomendações de sentenças. Discute preocupações éticas relacionadas à justiça, preconceito, transparência e direitos do devido processo.

2. **Estudo de caso: Algoritmos de policiamento preditivo**: Examina um caso em que os algoritmos de policiamento preditivo são utilizados para atribuir recursos de aplicação da lei. Discute as implicações éticas, tais como o reforço de preconceitos existentes, o policiamento excessivo de comunidades marginalizadas e potenciais violações das liberdades civis.

3. **Soluções de conceção ética**: Discute abordagens para a conceção de sistemas éticos de IA na justiça criminal, incluindo a auditoria de algoritmos para detetar preconceitos, garantindo a transparência na tomada de decisões algorítmicas e envolvendo diversas partes interessadas no desenvolvimento e validação de modelos preditivos.

Considerações éticas sobre a governação e a política da IA

As considerações éticas na governação e política da IA são cruciais para moldar o desenvolvimento, a implantação e a regulamentação responsáveis das tecnologias de inteligência artificial (IA). Este tópico explora os princípios éticos, os desafios, os quadros e as abordagens regulamentares que visam garantir que os sistemas de IA são desenvolvidos e utilizados de forma a defender os valores humanos, a justiça, a transparência e a responsabilidade.

Fundamentos da governação da IA

1. Visão geral da governação da IA: Fornece uma introdução à governação da IA, discutindo o seu papel na supervisão do desenvolvimento, implantação e impacto das tecnologias de IA. Explora a necessidade de quadros de governação que abordem preocupações éticas, mitiguem os riscos e promovam aplicações de IA benéficas.

2. Princípios éticos: Discute os princípios éticos fundamentais que orientam a governação da IA, tais como a justiça, a transparência, a responsabilidade, a proteção da privacidade e a promoção dos direitos humanos. Examina a forma como estes princípios informam o desenvolvimento de políticas e os quadros regulamentares.

Quadros regulamentares e normas internacionais

1. Iniciativas internacionais: Examina os esforços e iniciativas internacionais destinados a estabelecer directrizes e normas éticas para a IA. Discute organizações como a OCDE, a Comissão Europeia e a UNESCO, que desenvolveram princípios e directrizes para promover o desenvolvimento responsável da IA a nível mundial.

2. Estudo de caso: GDPR e privacidade de dados: Analisa o Regulamento Geral sobre a Proteção de Dados (RGPD) na União Europeia como um estudo de caso na governação da IA. Discute o seu impacto nas tecnologias de IA, na proteção de dados, na gestão do consentimento e nas implicações éticas das normas globais de privacidade de dados.

Desafios éticos na governação da IA

1. Preconceito e equidade: Explora os desafios éticos relacionados com a parcialidade nos algoritmos de IA e nos processos de tomada de decisões. Discute as implicações da IA tendenciosa na justiça, equidade e justiça social, e examina estratégias para detetar, mitigar e prevenir a tendenciosidade nos sistemas de IA.

2. Transparência e explicabilidade: Discute o imperativo ético de os sistemas de IA serem transparentes e explicáveis. Examina os desafios para alcançar a transparência em modelos complexos de IA e explora abordagens para melhorar a explicabilidade das decisões de IA para as partes interessadas.

Responsabilidade e obrigação de prestar contas

1. Atribuição de responsabilidades: Examina questões de responsabilidade na IA, incluindo a atribuição de responsabilidade pelas decisões e acções da IA. Discute desafios como a difusão da responsabilidade, a responsabilidade jurídica e as implicações éticas dos sistemas autónomos.

2. Supervisão e controlo humanos: Discute a importância da supervisão e controlo humanos sobre os sistemas de IA para garantir a tomada de decisões éticas e a intervenção quando necessário. Examina os quadros para a incorporação do julgamento humano e da orientação ética nos sistemas de IA.

Envolvimento das partes interessadas e liderança ética

1. Colaboração de múltiplas partes interessadas: Sublinha a importância da colaboração de múltiplos intervenientes na governação da IA, incluindo a participação de agências governamentais, líderes da indústria, investigadores, especialistas em ética e organizações da sociedade civil. Discute os benefícios de diversas perspectivas na definição de políticas e práticas éticas de IA.

2. Liderança ética: Examina o papel da liderança ética na condução do desenvolvimento e implementação responsáveis da IA. Discute as responsabilidades dos desenvolvedores de IA, formuladores de políticas e líderes organizacionais na priorização de considerações éticas, fomentando a confiança e promovendo o bem-estar social.

Conclusão

O capítulo conclui sintetizando as principais ideias e lições aprendidas com os estudos de caso sobre a conceção ética de máquinas. Salienta a importância da integração de considerações éticas na conceção e implementação de sistemas de IA em diferentes domínios. Apela à continuação da investigação, à colaboração interdisciplinar e ao envolvimento das partes interessadas para navegar nas complexidades éticas e garantir que as tecnologias de IA contribuem positivamente para a sociedade, ao mesmo tempo que defendem os valores e direitos humanos fundamentais.

Capítulo 5: O futuro das máquinas éticas

Introdução

Este capítulo explora as tendências futuras, os desafios e as oportunidades no desenvolvimento e implementação de máquinas éticas. Examina as tecnologias emergentes, os quadros éticos, os cenários regulamentares e as expectativas da sociedade que moldam a evolução futura da inteligência artificial (IA) para resultados mais éticos e responsáveis.

Tecnologias emergentes e implicações éticas

As tecnologias emergentes no domínio da inteligência artificial (IA) estão a evoluir continuamente, apresentando novas oportunidades e desafios éticos. Este tópico explora as implicações éticas dos avanços nas tecnologias de IA, incluindo o seu potencial impacto na sociedade, na privacidade, na justiça e na autonomia humana.

Avanços nas tecnologias de IA

1. Aprendizagem profunda e redes neurais: Discute os avanços nas técnicas de aprendizagem profunda e redes neurais, que revolucionaram as capacidades de IA em áreas como o reconhecimento de imagens, o processamento de linguagem natural e os sistemas de tomada de decisões. Examina as implicações éticas da utilização de modelos de aprendizagem profunda que requerem grandes conjuntos de dados e recursos computacionais, levantando preocupações sobre a privacidade dos dados, a parcialidade e a transparência.

2. Aprendizagem por reforço: Explora as implicações éticas da aprendizagem por reforço, uma técnica em que os agentes de IA aprendem a tomar decisões por tentativa e erro com base no feedback do seu ambiente. Discute preocupações sobre consequências não intencionais, tais como algoritmos de aprendizagem por reforço optimizados para objectivos não intencionais ou que causam danos devido a sinais de treino incorrectos.

Princípios éticos de conceção da IA

1. Algoritmos conscientes da equidade: Discute a importância de desenvolver algoritmos conscientes da equidade que atenuem os enviesamentos nos processos de tomada de decisões da IA. Examina técnicas como as métricas de equidade, a deteção de preconceitos e a auditoria algorítmica para garantir que os sistemas de IA tratam todos os indivíduos e grupos de forma justa e evitam reforçar as desigualdades existentes.

2. IA explicável (XAI): Explora o imperativo ético de os sistemas de IA serem explicáveis, permitindo que as partes interessadas compreendam a lógica subjacente às decisões de IA. Discute técnicas como modelos de aprendizagem

automática interpretáveis, explicações agnósticas de modelos e abordagens de raciocínio causal para aumentar a transparência e a responsabilidade nos sistemas de IA.

Privacidade e proteção de dados

1. Preocupações com a privacidade dos dados: Examina as considerações éticas relacionadas com a privacidade e proteção de dados na era da IA. Discute desafios como violações de dados, acesso não autorizado e as implicações dos sistemas de IA que processam informações pessoais sensíveis. Explora estratégias como a anonimização de dados, a privacidade diferencial e práticas seguras de tratamento de dados para mitigar os riscos de privacidade.

2. Utilização ética de dados: Discute os princípios éticos para a recolha, armazenamento e utilização responsável de dados em aplicações de IA. Examina questões como o consentimento informado, a propriedade dos dados e as implicações éticas da tomada de decisões baseada em dados. Explora quadros e regulamentos, como o RGPD, destinados a proteger os direitos de privacidade individuais e a promover práticas de dados éticas.

Sistemas Autónomos e Autonomia Humana

1. Ética dos sistemas autónomos: Examina as considerações éticas em torno dos sistemas autónomos, incluindo veículos autónomos, robôs e drones. Discute preocupações sobre responsabilidade, segurança e o impacto na autonomia humana e na tomada de decisões. Explora as orientações éticas e os quadros regulamentares para garantir a implantação segura e ética de tecnologias autónomas.

2. Colaboração Homem-IA: Explora oportunidades para aumentar a autonomia humana através de uma conceção responsável da IA. Discute os princípios da IA centrada no ser humano que dão prioridade ao controlo do utilizador, à capacitação e à colaboração entre humanos e máquinas. Examina estudos de casos em que as tecnologias de IA aumentam as capacidades humanas, respeitando a autonomia e a agência individuais.

Implicações globais e governação ética

1. Perspectivas internacionais: Discute perspectivas globais sobre a ética da IA, incluindo diferenças culturais, quadros regulamentares e desafios éticos em diferentes regiões. Examina os esforços internacionais para estabelecer directrizes e normas éticas para o desenvolvimento e implementação da IA, tais como os Princípios da IA da OCDE e a Lei da IA da UE.

2. Governação ética: Explora o papel da governação ética na definição do futuro das tecnologias de IA. Discute a importância da regulamentação pró-ativa, das

avaliações de impacto ético e da colaboração de várias partes interessadas na promoção de práticas responsáveis de IA. Examina os desafios e as oportunidades para garantir que as tecnologias de IA contribuam positivamente para o bem-estar da sociedade, ao mesmo tempo que defendem os princípios e valores éticos fundamentais.

Desafios éticos nas futuras aplicações de IA

1. **Tomada de decisões complexas**: Examina os desafios éticos colocados pelos sistemas de IA que tomam decisões cada vez mais complexas em domínios críticos como os cuidados de saúde, as finanças e os sistemas autónomos. Discute a necessidade de quadros éticos sólidos para orientar a tomada de decisões da IA e garantir o alinhamento com os valores humanos.

2. **IA em contextos globais**: Explora considerações éticas relacionadas com a implantação global de tecnologias de IA, incluindo diferenças culturais, disparidades regulamentares e as implicações para os quadros de governação global. Discute desafios e oportunidades para promover práticas éticas de IA em diversos cenários culturais e geopolíticos.

Considerações de carácter regulamentar e político

1. **Tendências globais de regulamentação**: Discute as tendências emergentes na regulamentação e política da IA a nível nacional, regional e internacional. Examina os esforços para estabelecer directrizes éticas, normas e quadros regulamentares que promovam o desenvolvimento e a implementação responsáveis da IA, salvaguardando simultaneamente os direitos humanos e o bem-estar social.

2. **Avaliações de impacto ético**: Examina o papel das avaliações de impacto ético na definição de futuras políticas e regulamentos de IA. Discute metodologias para avaliar as implicações éticas das tecnologias de IA nos indivíduos, nas comunidades e na sociedade como um todo, e a sua integração nos processos de tomada de decisões regulamentares.

Perceção e confiança do público

1. **Criar confiança pública**: Discute estratégias para criar confiança pública nas tecnologias de IA através da transparência, responsabilidade e práticas de conceção éticas. Examina o papel da consciencialização, educação e envolvimento do público na formação de atitudes sociais em relação à IA e na promoção de um diálogo informado sobre as suas implicações éticas.

2. **Liderança ética e responsabilidade empresarial**: Explora o papel da liderança ética e da responsabilidade empresarial na promoção da inovação responsável da IA. Discute as responsabilidades dos programadores de IA, das empresas de

tecnologia e dos líderes da indústria na priorização de considerações éticas, na promoção de uma cultura de desenvolvimento ético da IA e na abordagem de preocupações sociais.

Máquinas éticas na sociedade

1. **Impacto social e económico**: Examina o impacto social e económico previsto das máquinas éticas nos mercados de trabalho, na deslocação de empregos e na desigualdade de rendimentos. Discute estratégias para mitigar os impactos negativos e alavancar as tecnologias de IA para promover o crescimento económico inclusivo, a criação de emprego e o bem-estar social.

2. **IA ética para o bem social**: Explora as oportunidades de utilização de máquinas éticas para enfrentar desafios globais, como as disparidades nos cuidados de saúde, as alterações climáticas e as crises humanitárias.

   Discute estudos de casos e iniciativas em que as tecnologias de IA são utilizadas para promover o bem social e contribuir positivamente para os objectivos de desenvolvimento sustentável.

Conclusão

O capítulo conclui sintetizando as principais ideias e previsões para o futuro das máquinas éticas. Enfatiza a importância da liderança ética proactiva, da colaboração interdisciplinar e do envolvimento das partes interessadas na formação de um futuro em que as tecnologias de IA contribuam positivamente para o florescimento humano, o bem-estar social e o desenvolvimento sustentável. Apela a um diálogo, investigação e ação contínuos para navegar nas complexidades éticas e maximizar os benefícios da IA, defendendo simultaneamente os valores e direitos humanos fundamentais.

Capítulo 6: IA e direitos humanos

Introdução

A intersecção entre a inteligência artificial (IA) e os direitos humanos representa uma área crítica de preocupação à medida que as tecnologias de IA se tornam cada vez mais omnipresentes na sociedade. O potencial da IA para influenciar e moldar vários aspectos da vida humana - desde a privacidade e a liberdade de expressão até à igualdade e à justiça - exige uma análise aprofundada das suas implicações éticas. Este capítulo analisa a forma como a IA pode tanto fazer avançar como ameaçar os direitos humanos fundamentais e explora os enquadramentos e estratégias necessários para garantir que o desenvolvimento da IA se alinha com os princípios dos direitos humanos.

Compreender os direitos humanos no contexto da IA

1. **Definição e âmbito dos direitos humanos**: Os direitos humanos são os direitos e liberdades básicos que pertencem a todas as pessoas no mundo, desde o nascimento até à morte. Estes direitos baseiam-se em princípios de dignidade, igualdade e respeito mútuo, e são estabelecidos através de tratados internacionais, convenções e constituições nacionais. No contexto da IA, compreender o âmbito dos direitos humanos implica reconhecer de que forma as tecnologias de IA podem afetar estes direitos, tanto positiva como negativamente.

2. **A IA e a Declaração Universal dos Direitos do Homem**: A Declaração Universal dos Direitos Humanos (DUDH), adoptada pelas Nações Unidas em 1948, fornece um quadro fundamental para avaliar o impacto da IA nos direitos humanos. Esta secção examina artigos específicos da DUDH que são particularmente relevantes para a IA, como o direito à privacidade (artigo 12.º), a liberdade de expressão (artigo 19.º) e o direito à igualdade e à não discriminação (artigo 7.º).

O duplo papel da IA nos direitos humanos

1. **A IA ao serviço dos direitos humanos**: A IA tem o potencial de promover e proteger os direitos humanos de várias formas. Por exemplo, a IA pode melhorar o acesso à educação e aos cuidados de saúde, melhorar a inclusão social e económica e apoiar os esforços de combate ao tráfico de seres humanos e à corrupção. Esta secção explora estudos de caso e exemplos em que as tecnologias de IA foram efetivamente utilizadas para promover os direitos humanos.

2. **A ameaça da IA aos direitos humanos**: Por outro lado, a IA pode representar uma ameaça significativa para os direitos humanos se não for corretamente gerida. Questões como a vigilância, a parcialidade dos sistemas de IA e a utilização indevida da IA para fins opressivos podem minar as liberdades individuais e a confiança da sociedade. Esta secção discute casos reais em que as

tecnologias de IA violaram os direitos humanos e as preocupações éticas que suscitam.

Principais direitos humanos afectados pela IA

1. **Direitos de privacidade:**

   o **Recolha de dados e vigilância**: As tecnologias de IA dependem frequentemente de grandes quantidades de dados, o que levanta preocupações sobre a privacidade dos dados e o potencial de vigilância. Esta secção examina as implicações éticas da recolha de dados baseada na IA e o equilíbrio entre segurança e privacidade.

   o **Leis de proteção de dados**: Discute os quadros jurídicos existentes, como o Regulamento Geral sobre a Proteção de Dados (RGPD), concebido para proteger os direitos de privacidade e regular a utilização de dados pessoais em aplicações de IA.

2. **Liberdade de expressão:**

   o **Moderação de conteúdos**: A IA desempenha um papel significativo na moderação de conteúdos em linha, o que pode afetar a liberdade de expressão. Esta secção explora os desafios éticos de garantir que os sistemas de moderação de conteúdos da IA são justos, transparentes e imparciais.

   o **Desinformação e deepfakes**: A desinformação gerada por IA e os deepfakes podem distorcer o discurso público e minar a confiança na informação. Esta secção discute as implicações éticas e as potenciais respostas regulamentares a estes desafios.

3. **Igualdade e não-discriminação:**

   o Preconceitos **nos sistemas de IA**: Os sistemas de IA podem inadvertidamente perpetuar ou amplificar os preconceitos existentes, levando à discriminação em áreas como contratação, empréstimos e aplicação da lei. Esta secção examina as causas do preconceito na IA e as estratégias para criar sistemas de IA justos e inclusivos.

   o **Quadros regulamentares e éticos**: Discute os quadros legais e éticos destinados a evitar a discriminação nas aplicações de IA, incluindo o papel das auditorias algorítmicas e das práticas de conceção conscientes da equidade.

O papel das instituições internacionais e nacionais

1. **Organizações internacionais de direitos humanos**: Explora o papel das organizações internacionais, como as Nações Unidas e o Conselho da Europa, na promoção do desenvolvimento da IA centrado nos direitos humanos e no estabelecimento de normas globais.

2. **Governos nacionais e organismos reguladores**: Discute como os governos nacionais e os organismos reguladores podem implementar políticas e regulamentos para proteger os direitos humanos no contexto da IA. Examina os papéis de agências como as autoridades de proteção de dados e as comissões de direitos humanos na supervisão das práticas de IA.

Conclusão

A introdução a este capítulo prepara o terreno para uma exploração aprofundada da complexa relação entre a IA e os direitos humanos. Sublinha a importância de reconhecer tanto as oportunidades como as ameaças colocadas pelas tecnologias de IA. À medida que avançamos, é crucial desenvolver quadros éticos e regulamentares sólidos que garantam que a IA é utilizada de forma a respeitar e reforçar os direitos humanos. Este capítulo visa fornecer uma compreensão abrangente destas questões, salientando a necessidade de vigilância contínua, colaboração interdisciplinar e governação proactiva para salvaguardar os direitos humanos na era da IA.

O advento da inteligência artificial (IA) transformou significativamente a forma como os dados são recolhidos, processados e utilizados, tendo implicações profundas para os direitos de privacidade. Uma vez que os sistemas de IA dependem cada vez mais de grandes quantidades de dados pessoais para funcionarem eficazmente, as preocupações com as violações da privacidade, a segurança dos dados e a utilização ética das informações pessoais passaram para primeiro plano. Este tópico analisa as considerações éticas em torno da IA e dos direitos de privacidade, explorando os desafios colocados pela recolha e vigilância de dados, os quadros regulamentares em vigor para proteger a privacidade e as estratégias para garantir uma utilização ética dos dados.

IA e direitos de privacidade

Recolha de dados e vigilância

1. **Recolha de dados com base em IA**

    o **Escala e âmbito**: As tecnologias de IA requerem conjuntos de dados alargados para treinar e melhorar os seus algoritmos. Isto implica frequentemente a recolha de dados de várias fontes, incluindo redes sociais, transacções em linha, registos de saúde e sistemas de vigilância. A escala e o âmbito da recolha de dados suscitam preocupações significativas em matéria de privacidade, sobretudo quando os indivíduos não têm conhecimento ou não consentiram na utilização dos seus dados.

- o **Tipos de dados recolhidos**: Discute os diferentes tipos de dados que os sistemas de IA recolhem, tais como identificadores pessoais, dados comportamentais, dados de localização e informação biométrica. Examina a sensibilidade destes tipos de dados e as suas implicações para a privacidade individual.

2. **Vigilância e controlo**

- o **Vigilância pública e privada**: As tecnologias de vigilância baseadas em IA, como o reconhecimento facial, a análise de vídeo e o policiamento preditivo, são cada vez mais utilizadas tanto por governos como por entidades privadas. Esta secção explora as implicações éticas da vigilância, incluindo o potencial de abuso, a perda de anonimato e o efeito inibidor das liberdades pessoais.

- o **Estudos de caso**: Fornece exemplos de sistemas de vigilância de IA em ação, destacando casos em que estas tecnologias foram utilizadas tanto para fins benéficos como opressivos. Examina casos de diferentes regiões e sectores, como a aplicação da lei, o retalho e as cidades inteligentes.

3. **Preocupações éticas**

- o **Consentimento informado**: Discute a importância de obter o consentimento informado dos indivíduos cujos dados estão a ser recolhidos e utilizados por sistemas de IA. Explora os desafios para garantir que o consentimento seja verdadeiramente informado e voluntário, particularmente no contexto de aplicações complexas de IA.

- o **Transparência e responsabilidade**: Examina a necessidade de transparência nas práticas de dados de IA, incluindo uma comunicação clara sobre a forma como os dados são recolhidos, armazenados e utilizados. Discute mecanismos de responsabilização para lidar com violações de privacidade e garantir o tratamento responsável dos dados.

Quadros regulamentares e protecções jurídicas

1. **Regulamento Geral sobre a Proteção de Dados (RGPD)**

- o **Visão geral do GDPR**: Fornece uma visão geral do GDPR, uma lei abrangente de proteção de dados promulgada pela União Europeia para salvaguardar os dados pessoais e a privacidade. Discute os princípios fundamentais do GDPR, como a minimização de dados, a limitação da finalidade e os direitos dos titulares dos dados.

- o **Impacto na IA**: Examina a forma como o RGPD afecta o desenvolvimento e a implementação da IA, incluindo os requisitos para as avaliações do impacto da proteção de dados, o direito à explicação e a gestão do consentimento.

2. **Outras leis de proteção de dados**

- o **Lei de Privacidade do Consumidor da Califórnia (CCPA)**: Discute a CCPA, uma lei de privacidade histórica nos Estados Unidos que concede aos residentes da Califórnia um maior controlo sobre as suas informações pessoais. Explora as implicações da CCPA para práticas de dados orientadas por IA.

- o **Perspectivas globais**: Fornece uma visão geral das leis e regulamentos de proteção de dados noutras regiões, como a Ásia, a América Latina e a África. Destaca diferenças e pontos comuns nas abordagens regulamentares à IA e à privacidade.

3. **Desafios e lacunas na regulamentação**

- o **Tecnologias emergentes**: Discute os desafios da regulamentação das tecnologias emergentes de IA, que muitas vezes ultrapassam os quadros jurídicos existentes. Examina a necessidade de regulamentos adaptáveis e virados para o futuro para lidar com novos riscos de privacidade.

- o **Fluxos de dados transfronteiriços**: Explora as complexidades da regulamentação dos fluxos de dados transfronteiriços no contexto da IA, incluindo questões relacionadas com a jurisdição, as transferências internacionais de dados e a aplicação dos direitos de privacidade.

Utilização ética dos dados na IA

1. **Princípios para uma utilização ética dos dados**

- o **Minimização de dados**: Discute o princípio da minimização de dados, que implica a recolha apenas dos dados necessários para uma finalidade específica. Explora estratégias para implementar a minimização de dados em sistemas de IA para reduzir os riscos de privacidade.

- o **Limitação da finalidade**: Examina a importância da limitação da finalidade, garantindo que os dados são utilizados apenas para os fins explicitamente declarados no momento da recolha. Discute os desafios de manter a limitação da finalidade em aplicações dinâmicas de IA.

2. **Anonimização e Pseudonimização**

   o **Técnicas e eficácia**: Explora técnicas de anonimização e pseudonimização de dados para proteger as identidades individuais, permitindo simultaneamente a análise de IA. Discute a eficácia e as limitações destas técnicas na preservação da privacidade.

   o **Considerações éticas**: Examina as considerações éticas relacionadas com anonimização, incluindo o potencial de reidentificação e o equilíbrio entre a utilidade dos dados e a proteção da privacidade.

3. **Governação e gestão de dados**

   o **Quadros de governação de dados**: Discute a importância de estruturas robustas de governação de dados para garantir práticas de dados éticas na IA. Explora os componentes de uma governação de dados eficaz, como a gestão de dados, o controlo de qualidade e os mecanismos de responsabilização.

   o **Envolvimento das partes interessadas**: Examina o papel das várias partes interessadas, incluindo os titulares dos dados, os responsáveis pelo tratamento dos dados e os auditores terceiros, na promoção da governação ética dos dados. Discute a importância do envolvimento das partes interessadas no desenvolvimento e aplicação de políticas de dados.

Conclusão

A interação entre a IA e os direitos de privacidade apresenta um cenário complexo e em evolução que exige uma análise cuidadosa e uma gestão proactiva. À medida que as tecnologias de IA continuam a avançar, é imperativo desenvolver e implementar enquadramentos éticos e protecções regulamentares que salvaguardem a privacidade individual ao mesmo tempo que permitem a inovação. Esta secção conclui enfatizando a necessidade de diálogo contínuo, colaboração interdisciplinar e governação adaptativa para enfrentar os desafios da privacidade colocados pela IA e garantir que o progresso tecnológico se alinha com os princípios fundamentais dos direitos humanos.

IA e discriminação

A inteligência artificial (IA) tem o potencial de transformar vários aspectos da sociedade, mas também comporta o risco de perpetuar e ampliar a discriminação. Os sistemas de IA, se não forem cuidadosamente concebidos e geridos, podem reforçar os preconceitos existentes e criar novas formas de desigualdade. Este tópico explora a relação multifacetada entre a IA e a discriminação, examinando a forma como o preconceito entra nos sistemas de IA, o impacto da IA discriminatória e os quadros e estratégias necessários para mitigar estes riscos.

Compreender o enviesamento na IA

1. **Tipos de preconceitos**

   o **Enviesamento algorítmico**: Ocorre quando os algoritmos de IA produzem resultados tendenciosos devido à sua conceção, dados de treino ou implementação. Discute várias formas de enviesamento algorítmico, incluindo impacto díspar, tratamento díspar e enviesamento de representação.

   o **Enviesamento dos dados**: resulta de dados enviesados utilizados para treinar modelos de IA. Isto pode incluir enviesamentos históricos, enviesamentos de amostragem e enviesamentos de medição. Examina como os dados tendenciosos podem levar a resultados de IA distorcidos.

   o **Preconceito humano**: Reflecte os preconceitos dos criadores e utilizadores de sistemas de IA. Discute a forma como os preconceitos inconscientes e as decisões subjectivas podem influenciar a conceção e a implementação da IA.

2. **Fontes de preconceito**

   o **Desigualdades históricas**: Explora a forma como as desigualdades históricas e sociais podem ser codificadas nos dados utilizados para treinar sistemas de IA, conduzindo a resultados tendenciosos.

   o **Dados incompletos ou não representativos**: Discute o impacto da utilização de dados que não representam totalmente a diversidade da população ou o contexto em que o sistema de IA será utilizado.

   o **Preconceito na recolha e rotulagem de dados**: Examina como os preconceitos nos processos de recolha de dados e rotulagem podem introduzir imprecisões e reforçar estereótipos.

Impacto da IA discriminatória

1. **Desigualdade económica e social**

   o **Emprego**: Analisa como os sistemas de IA tendenciosos no recrutamento e contratação podem levar à discriminação de certos grupos, como mulheres, minorias e indivíduos mais velhos. Discute o impacto a longo prazo nas oportunidades económicas e na diversidade no local de trabalho.

   o **Serviços financeiros**: Explora como as decisões baseadas em IA em empréstimos, pontuação de crédito e seguros podem perpetuar a discriminação financeira, afectando o acesso a serviços essenciais e a estabilidade financeira de grupos marginalizados.

2. **Justiça e aplicação da lei**

   o **Policiamento preditivo**: Examina a utilização da IA no policiamento preditivo e o seu potencial para reforçar a caraterização racial e o policiamento excessivo em comunidades minoritárias. Discute preocupações éticas e o impacto na confiança e segurança da comunidade.

   o Tomada **de decisões judiciais**: Discute as implicações da IA na tomada de decisões judiciais, incluindo decisões de sentença e liberdade condicional. Explora casos em que algoritmos tendenciosos conduziram a um tratamento injusto e a disparidades no sistema judicial.

3. **Cuidados de saúde**

   o **Algoritmos de diagnóstico**: Explora a forma como os preconceitos nas ferramentas de diagnóstico de IA podem levar a disparidades nos resultados dos cuidados de saúde, em particular para grupos sub-representados. Discute as implicações éticas dos algoritmos de cuidados de saúde tendenciosos nos cuidados aos doentes e na equidade na saúde.

   o **Atribuição de recursos**: Examina a forma como os sistemas de IA utilizados para atribuir recursos de cuidados de saúde, como transplantes de órgãos ou tratamentos médicos, podem perpetuar as desigualdades existentes e afetar o acesso aos cuidados.

Quadros regulamentares e éticos

1. **Protecções legais contra a discriminação**

   o **Leis Anti-Discriminação**: Discute os quadros legais existentes destinados a proteger contra a discriminação, como a Lei dos Direitos Civis, a Lei da Habitação Justa e a Lei da Igualdade de Oportunidades de Crédito. Explora a forma como estas leis se aplicam aos sistemas de IA e os desafios de as fazer cumprir no contexto da IA.

   o **Novas abordagens regulatórias**: Examina as abordagens regulatórias emergentes para lidar com o viés e a discriminação da IA, como a Lei de Responsabilidade Algorítmica e propostas de regulamentos específicos para IA.

2. **Orientações e princípios éticos**

   o **Equidade e responsabilidade**: Explora os princípios éticos para garantir a justiça e a responsabilidade nos sistemas de IA. Discute quadros como a

Iniciativa Global do IEEE sobre Ética de Sistemas Autónomos e Inteligentes e as recomendações do AI Now Institute para uma IA ética.

- o **Transparência e explicabilidade**: Discute a importância da transparência e da explicabilidade nos sistemas de IA para garantir que as decisões possam ser compreendidas e contestadas. Explora abordagens técnicas e políticas para aumentar a transparência.

3. **Estratégias de atenuação de preconceitos**

- o **Deteção e auditoria de preconceitos**: Discute métodos de deteção e auditoria de preconceitos em sistemas de IA, incluindo auditorias algorítmicas, testes de equidade e avaliações de impacto. Examina o papel das auditorias de terceiros e da supervisão independente.

- o Conceção **e desenvolvimento inclusivos**: Explora estratégias para promover práticas de conceção e desenvolvimento inclusivas na IA, tais como equipas diversificadas, conceção participativa e envolvimento das partes interessadas. Discute a importância de considerar as perspectivas e necessidades de grupos marginalizados no desenvolvimento da IA.

Estudos de caso

1. **Exemplos do mundo real**

- o **Algoritmos de contratação**: Examina estudos de caso de algoritmos de contratação que revelaram preconceitos raciais e de género, analisando as causas e as consequências desses preconceitos.

- o **Sistemas de pontuação de crédito**: Discute exemplos de sistemas de pontuação de crédito tendenciosos e o seu impacto na inclusão financeira das comunidades minoritárias.

- o **IA nos cuidados de saúde**: Explora casos em que ferramentas de IA tendenciosas nos cuidados de saúde conduziram a disparidades no diagnóstico e no tratamento, salientando a necessidade de uma supervisão ética sólida.

2. **Lições aprendidas**

- o **Intervenções bem-sucedidas**: Discute exemplos de intervenções e reformas bem-sucedidas que abordaram o viés nos sistemas de IA. Destaca as melhores práticas e lições aprendidas com esses estudos de caso.

- o **Desafios actuais**: Explora os desafios actuais na mitigação do preconceito e da discriminação da IA, salientando a necessidade de vigilância e melhoria contínuas.

Conclusão

A relação entre a IA e a discriminação é complexa e multifacetada, exigindo esforços concertados por parte dos criadores, dos decisores políticos e da sociedade para a resolver. medida que a IA continua a permear vários sectores, é crucial garantir que estas tecnologias sejam concebidas e utilizadas de forma a promover a justiça, a equidade e a justiça. Esta secção conclui enfatizando a importância da colaboração interdisciplinar, de quadros regulamentares robustos e da liderança ética na mitigação dos riscos da IA discriminatória e na promoção de um futuro tecnológico inclusivo.

Capítulo 7: IA na educação: Considerações éticas

Introdução

A Inteligência Artificial (IA) está a ser cada vez mais integrada em ambientes educativos, oferecendo um potencial transformador para uma aprendizagem personalizada, eficiência administrativa e experiências educativas melhoradas. No entanto, a implementação da IA na educação também levanta considerações éticas significativas. Este capítulo explora as implicações éticas da IA na educação, centrando-se na privacidade, na equidade, na parcialidade, na transparência e no impacto na relação aluno-professor. Apresenta uma análise exaustiva da forma como a IA pode ser utilizada de forma responsável para beneficiar todas as partes interessadas no ecossistema educativo.

Aplicações de IA na educação

1. **Aprendizagem personalizada**

   o **Sistemas de aprendizagem adaptativa**: Os sistemas de aprendizagem adaptativa alimentados por IA adaptam o conteúdo educacional às necessidades individuais dos alunos, ajudando a lidar com diversos ritmos e estilos de aprendizagem. Estes sistemas analisam os dados de desempenho dos alunos para fornecer feedback e recursos personalizados.

   o **Benefícios e preocupações éticas**: Embora a aprendizagem personalizada possa melhorar os resultados educativos, também levanta questões éticas sobre a privacidade dos dados, o consentimento informado e o potencial para aprofundar as desigualdades educativas.

2. **Eficiência administrativa**

   o **IA na administração**: A IA pode automatizar tarefas administrativas como classificações, agendamentos e matrículas de alunos, libertando o tempo dos educadores para interacções mais significativas com os alunos. Esta secção explora os benefícios e desafios da utilização da IA para fins administrativos.

   o **Implicações éticas**: A automatização das tarefas administrativas deve ser cuidadosamente gerida para garantir a exatidão, a equidade e a transparência. Discute questões como a responsabilização por erros e o impacto no emprego.

3. **Experiências educativas melhoradas**

   o **Tutores virtuais e chatbots**: Os tutores virtuais e os chatbots baseados em IA podem fornecer aos alunos assistência e apoio imediatos, melhorando a sua experiência de aprendizagem. Estas ferramentas podem oferecer disponibilidade 24 horas por dia, 7 dias por semana e feedback personalizado.

o **Considerações éticas**: A utilização de tutores virtuais levanta questões sobre a qualidade das interacções, a privacidade dos dados e a potencial substituição de professores humanos.

Privacidade e segurança dos dados

1. **Recolha de dados na educação**

   o **Tipos de dados recolhidos**: Discute os vários tipos de dados recolhidos em ambientes educativos, incluindo o desempenho académico, dados comportamentais e informações pessoais. Examina a forma como estes dados são utilizados para informar os sistemas de IA.

   o **Consentimento e transparência**: Destaca a importância de obter o consentimento informado dos alunos e dos pais para a recolha e utilização de dados. Discute estratégias para garantir a transparência nas práticas de dados.

2. **Segurança dos dados**

   o **Proteção dos dados dos alunos**: Explora as medidas necessárias para proteger os dados dos alunos contra violações e utilização indevida. Discute a encriptação, os controlos de acesso e o armazenamento seguro de dados como componentes essenciais da segurança dos dados.

   o **Preocupações éticas**: Examina as implicações éticas da segurança dos dados, incluindo a responsabilidade das instituições de ensino de salvaguardar informações sensíveis e as potenciais consequências das violações de dados.

Equidade e acesso

1. **Fosso digital**

   o **Acesso à tecnologia**: Discute o fosso digital e o seu impacto na implementação equitativa da IA na educação. Examina as disparidades no acesso à tecnologia e à ligação à Internet entre estudantes de diferentes origens socioeconómicas.

   o **Implicações éticas**: Salienta a necessidade de políticas e iniciativas para colmatar o fosso digital e garantir que todos os estudantes tenham acesso aos benefícios da educação melhorada pela IA.

2. **Preconceitos nos sistemas de IA**

- o **Fontes de enviesamento**: Explora a forma como os enviesamentos nos sistemas de IA podem resultar de dados de formação enviesados, da conceção de algoritmos e de práticas de implementação. Discute o impacto destes enviesamentos nos resultados educativos de diferentes grupos de estudantes.

- o **Atenuar o enviesamento**: Examina estratégias para identificar e atenuar o enviesamento nos sistemas de IA educativos, incluindo conjuntos de dados diversificados, algoritmos conscientes da equidade e auditorias regulares.

Transparência e responsabilidade

1. **Sistemas de IA transparentes**

- o **Explicabilidade na educação**: Discute a importância da transparência e da explicabilidade nos sistemas de IA utilizados na educação. Salienta a necessidade de os alunos, pais e educadores compreenderem como são tomadas as decisões baseadas na IA.

- o **Estratégias de transparência**: Explora métodos para aumentar a transparência, tais como fornecer explicações claras sobre os algoritmos de IA, os processos de tomada de decisão e os dados utilizados.

2. **Mecanismos de responsabilização**

- o **Responsabilidade na utilização da IA**: Examina a necessidade de mecanismos de responsabilização para
aborda os erros, os preconceitos e as consequências não intencionais dos sistemas de IA na educação. Discute os papéis das instituições educativas, dos criadores de IA e dos decisores políticos para garantir a responsabilização.

- o **Quadros legais e éticos**: Discute os quadros jurídicos e éticos existentes que regem a utilização da IA na educação e a necessidade de desenvolvimento contínuo desses quadros para acompanhar os avanços tecnológicos.

Impacto na relação entre alunos e professores

A integração da IA em ambientes educativos tem o potencial de alterar significativamente a dinâmica entre alunos e professores. As tecnologias de IA podem apoiar e melhorar a experiência educativa, mas também colocam desafios à relação tradicional aluno-professor. Esta secção explora o impacto multifacetado da IA nesta relação, examinando tanto os potenciais benefícios como as preocupações éticas que surgem à medida que a IA se torna mais predominante nas salas de aula.

A IA como ferramenta para os professores

1. **Capacidades de ensino melhoradas**

    o **Instrução personalizada**: A IA pode ajudar os professores a fornecer instrução personalizada, analisando os dados dos alunos para identificar as necessidades e preferências individuais de aprendizagem. Isto permite aos professores adaptar os seus métodos e materiais de ensino para melhor apoiar o percurso de aprendizagem único de cada aluno.

    o **Automatização de tarefas de rotina**: A IA pode automatizar tarefas de rotina, como a classificação, o controlo da assiduidade e a documentação administrativa, libertando o tempo dos professores para se concentrarem em actividades educativas mais interactivas e significativas.

2. **Apoiar a aprendizagem diferenciada**

    o **Identificação de lacunas na aprendizagem**: Os sistemas de IA podem identificar lacunas nos conhecimentos e competências dos alunos, permitindo aos professores intervir precocemente e prestar apoio direcionado. Esta abordagem proactiva pode ajudar a evitar que os alunos fiquem para trás.

    o **Plataformas de aprendizagem adaptativa**: As plataformas de aprendizagem adaptativa alimentadas por IA podem ajustar a dificuldade das tarefas e recomendar recursos com base na avaliação em tempo real do desempenho dos alunos, ajudando os professores a gerir mais eficazmente as diversas salas de aula.

Desafios e preocupações éticas

1. **Excesso de confiança na tecnologia**

    o **Diminuição da interação humana** : Uma das principais preocupações é que a dependência excessiva da IA possa diminuir a quantidade de interação humana direta entre alunos e professores. Isto poderia afetar o desenvolvimento de importantes competências sociais e emocionais que são alimentadas através de ligações humanas.

    o Desqualificação **dos professores**: Existe o risco de os professores se tornarem demasiado dependentes das ferramentas de IA, o que pode levar a uma desqualificação. Se os professores dependerem demasiado da IA para determinadas tarefas, podem perder a capacidade de as realizar de forma independente.

2. **Equidade e acesso**

   o **Fosso digital**: Nem todos os estudantes têm o mesmo acesso à tecnologia e à ligação à Internet necessárias para beneficiarem de um ensino baseado na IA. Este fosso digital pode exacerbar as desigualdades existentes e criar disparidades nos resultados educativos.

   o Preconceitos **nos sistemas de IA**: Os sistemas de IA podem, inadvertidamente, perpetuar preconceitos presentes nos seus dados de formação. Se não for cuidadosamente gerida, esta situação pode levar a recomendações e avaliações educativas tendenciosas, afectando injustamente determinados grupos de alunos.

Desenvolvimento profissional e apoio aos professores

1. **Formar professores para utilizar a IA**

   o **Desenvolvimento de competências**: A integração efectiva da IA na educação exige que os professores desenvolvam novas competências. Os programas de desenvolvimento profissional devem centrar-se na formação de professores para utilizarem as ferramentas de IA de forma eficaz e ética, garantindo que compreendem as capacidades e limitações destas tecnologias.

   o **Apoio contínuo**: O apoio e a formação contínuos são essenciais para ajudar os professores a acompanhar a rápida evolução das tecnologias de IA. Isto inclui o acesso a recursos, workshops e comunidades de prática onde os professores podem partilhar experiências e melhores práticas.

2. **Equilíbrio entre a IA e os conhecimentos humanos**

   o **Papéis complementares**: A IA deve ser vista como uma ferramenta que complementa, e não substitui, os professores humanos. Os professores trazem qualidades humanas essenciais, como a empatia, a criatividade e a capacidade de inspirar e motivar os alunos - qualidades que a IA não pode replicar.

   o **Autonomia dos professores**: É importante garantir que os professores mantenham a autonomia sobre as suas práticas de ensino. A IA deve apoiar as decisões dos professores em vez de as ditar, permitindo-lhes utilizar o seu discernimento profissional para adaptar as recomendações da IA ao contexto das suas salas de aula.

Envolvimento e bem-estar dos estudantes

1. **Melhorar o envolvimento**

   o **Experiências de aprendizagem interactivas**: A IA pode criar experiências de aprendizagem interactivas e envolventes através da gamificação, simulações virtuais e conteúdos personalizados. Estas ferramentas podem tornar a aprendizagem mais agradável e motivar os alunos a envolverem-se mais profundamente com o material.

   o **Feedback em tempo real**: Os sistemas de IA podem fornecer feedback em tempo real aos alunos, ajudando-os a compreender os seus progressos e as áreas a melhorar. Este feedback imediato pode aumentar a motivação dos alunos e incentivar uma mentalidade de crescimento.

2. **Apoiar o desenvolvimento emocional e social**

   o **IA e bem-estar emocional**: Algumas ferramentas de IA foram concebidas para monitorizar e apoiar o bem-estar emocional dos alunos. Por exemplo, as plataformas baseadas em IA podem identificar sinais de stress ou desinteresse e alertar os professores para intervir.

   o **Preocupações éticas**: A utilização da IA para monitorizar o desenvolvimento emocional e social suscita preocupações éticas relacionadas com a privacidade e o consentimento. É fundamental garantir que essas ferramentas sejam utilizadas de forma responsável e que os dados dos alunos sejam protegidos.

Estudos de caso

1. **Histórias de sucesso**

   o **Implementações inovadoras**: Discute estudos de caso de escolas e instituições educacionais que integraram com sucesso a IA para melhorar a relação aluno-professor. Destaca as melhores práticas e os resultados positivos alcançados através de uma implementação cuidadosa.

   o **Abordagens holísticas**: Explora exemplos de abordagens holísticas em que a IA é utilizada
   para apoiar o desenvolvimento académico e emocional, demonstrando o potencial da IA para melhorar o bem-estar geral dos estudantes.

2. **Lições aprendidas**

   o **Desafios e armadilhas**: Examina estudos de casos em que a implementação da IA enfrentou desafios ou levou a consequências não intencionais.

Analisa as causas e fornece lições aprendidas para orientar futuras implementações.

- o **Equilíbrio entre a tecnologia e a interação humana**: Salienta a importância de manter um equilíbrio entre a tecnologia e a interação humana, assegurando que a IA melhora e não prejudica a relação aluno-professor.

Conclusão

A integração da IA na educação oferece oportunidades significativas para melhorar as experiências de aprendizagem, melhorar a eficiência administrativa e apoiar a educação personalizada. No entanto, esses benefícios devem ser equilibrados com as considerações éticas de privacidade, equidade, preconceito, transparência e o impacto na relação aluno-professor. Este capítulo conclui salientando a necessidade de uma abordagem holística e ética da IA na educação, que dê prioridade ao bem-estar e aos direitos de todos os alunos e educadores. Apela ao diálogo contínuo, à colaboração interdisciplinar e ao desenvolvimento de quadros éticos sólidos para orientar a utilização responsável da IA na educação.

Capítulo 8: IA no local de trabalho: Equilíbrio entre eficiência e ética

Introdução

A Inteligência Artificial (IA) está a revolucionar o local de trabalho, impulsionando a eficiência e a inovação em vários sectores. No entanto, a adoção da IA também traz considerações éticas significativas que devem ser abordadas para garantir que estas tecnologias beneficiam todas as partes interessadas. Este capítulo explora o duplo impacto da IA no local de trabalho, analisando a forma como esta aumenta a eficiência e, ao mesmo tempo, apresenta desafios éticos. Discute questões relacionadas com a deslocação de postos de trabalho, a privacidade, os preconceitos, a responsabilidade e o impacto global na força de trabalho humana.

Aplicações de IA no local de trabalho

1. **Automatização e eficiência**

   o **Automatização de tarefas**: A IA pode automatizar tarefas repetitivas e mundanas, permitindo que os funcionários se concentrem em trabalhos mais complexos e criativos. Isto inclui tarefas como a introdução de dados, a programação e o serviço ao cliente.

   o **Otimização de processos**: A IA pode analisar grandes quantidades de dados para otimizar os processos empresariais, melhorar a tomada de decisões e aumentar a eficiência operacional. Os exemplos incluem a gestão da cadeia de fornecimento, a manutenção preditiva e a atribuição de recursos.

2. **Melhorar a tomada de decisões**

   o **Informações baseadas em dados**: Os sistemas de IA podem fornecer informações baseadas em dados que ajudam os gestores e executivos a tomar decisões informadas. Estas informações podem melhorar o planeamento estratégico, a análise de mercado e a previsão financeira.

   o **Gestão de riscos**: A IA pode identificar e mitigar riscos através da análise de padrões e da previsão de potenciais problemas antes de estes surgirem. Isto inclui a deteção de fraudes, a cibersegurança e a monitorização da conformidade.

3. **Experiência do cliente**

   o **Serviços personalizados**: A IA pode melhorar a experiência do cliente, fornecendo serviços personalizados e recomendações baseadas nos dados e no comportamento do cliente. Isto inclui chatbots, assistentes virtuais e marketing personalizado.

- o **Apoio ao cliente**: Os sistemas de apoio ao cliente alimentados por IA podem fornecer assistência imediata, resolver problemas rapidamente e melhorar a satisfação geral do cliente.

Considerações éticas

1. **Deslocação de empregos e transformação da força de trabalho**

   - o **Impacto no emprego**: A automatização de tarefas tradicionalmente executadas por humanos pode levar à deslocação de empregos e a mudanças significativas na força de trabalho. Esta secção explora o potencial de perda de postos de trabalho, a criação de novas funções e a necessidade de requalificação e melhoria das competências.

   - o **Implicações éticas**: Discute a responsabilidade ética das empresas para gerir o impacto da IA no emprego. Isto inclui a prestação de apoio aos trabalhadores deslocados, o investimento na formação dos trabalhadores e a promoção de uma cultura de aprendizagem ao longo da vida.

2. **Privacidade e vigilância**

   - o **Privacidade dos dados**: Os sistemas de IA dependem frequentemente de grandes quantidades de dados pessoais e sensíveis. Este facto suscita preocupações sobre a privacidade dos dados e a possibilidade de utilização indevida da informação. Discute a importância da proteção de dados, do consentimento informado e da transparência.

   - o **Vigilância no local de trabalho**: A utilização da IA para monitorizar o desempenho e o comportamento dos trabalhadores pode levar a preocupações sobre a vigilância e a erosão da privacidade no local de trabalho. Examina as implicações éticas das tecnologias de vigilância e a necessidade de políticas claras e do consentimento dos trabalhadores.

3. **Preconceito e equidade**

   - o **Preconceito algorítmico**: os sistemas de IA podem perpetuar e amplificar os preconceitos existentes se forem treinados com dados tendenciosos ou se os próprios algoritmos forem tendenciosos. Isto pode levar a um tratamento injusto de funcionários e clientes. Discute estratégias para identificar e mitigar o enviesamento nos sistemas de IA.

   - o **Implantação equitativa da IA**: Garantir que as tecnologias de IA sejam implantadas de forma equitativa e não tenham um impacto desproporcional em determinados grupos. Isso inclui considerar a diversidade em conjuntos de dados, práticas de design inclusivas e monitoramento contínuo de preconceitos.

4. **Transparência e responsabilidade**

   o **Explicabilidade**: A complexidade dos sistemas de IA pode tornar difícil a sua compreensão
   como são tomadas as decisões. Esta falta de transparência pode levar à desconfiança e a preocupações éticas. Discute a importância da IA explicável e as estratégias para aumentar a transparência.

   o **Mecanismos de responsabilização**: Estabelecer uma clara responsabilização pelas decisões e acções da IA. Isto inclui a definição de papéis e responsabilidades, a implementação de mecanismos de supervisão e a garantia de que existe um recurso para os indivíduos afectados pelas decisões da IA.

Equilíbrio entre eficiência e ética

Equilibrar a eficiência e a ética na implementação da IA no local de trabalho é uma tarefa complexa mas essencial. Como as tecnologias de IA têm o potencial de melhorar significativamente a eficiência operacional, agilizar processos e promover a inovação, elas também trazem preocupações éticas que devem ser abordadas para garantir que seus benefícios sejam distribuídos de forma equitativa e não prejudiquem os funcionários ou outras partes interessadas. Esta secção explora os princípios, enquadramentos e estratégias necessários para alcançar um equilíbrio entre o aproveitamento da IA para a eficiência e a manutenção de elevados padrões éticos.

Princípios para uma IA ética

1. Equidade

   o Não-discriminação: Garantir que os sistemas de IA não perpetuam ou exacerbam preconceitos contra qualquer grupo com base na raça, género, idade ou outras características protegidas. Isto envolve um exame cuidadoso dos dados de treino e dos algoritmos para identificar e mitigar potenciais preconceitos.

   o Resultados equitativos: Conceber sistemas de IA para promover resultados equitativos para todos os utilizadores. Isto inclui garantir que os benefícios da IA sejam acessíveis a diversos grupos e não prejudiquem desproporcionadamente nenhum grupo em particular.

2. Transparência

- o Explicabilidade: Desenvolver sistemas de IA que sejam explicáveis, o que significa que os seus processos de tomada de decisão podem ser compreendidos pelos humanos. Isto ajuda a criar confiança e responsabilidade, uma vez que os utilizadores podem ver como as decisões são tomadas e porquê.

- o Divulgação: Ser transparente sobre a forma como os sistemas de IA são utilizados, que dados recolhem e como são tomadas as decisões. Isso inclui fornecer informações claras e acessíveis aos funcionários e outras partes interessadas.

3. Responsabilidade

- o Responsabilidade: Definir claramente quem é responsável pelas decisões e resultados da IA. Isto inclui tanto os criadores dos sistemas de IA como as organizações que os implementam.

- o Recurso: Estabelecer mecanismos de recurso se os indivíduos forem prejudicados ou tratados injustamente pelos sistemas de IA. Isto pode incluir procedimentos de reclamação, auditorias e revisões externas.

4. Privacidade

- o Proteção de dados: Assegurar que os dados pessoais recolhidos e utilizados pelos sistemas de IA são protegidos contra o acesso não autorizado e violações. Isto envolve a implementação de medidas robustas de segurança de dados e políticas de privacidade.

- o Consentimento: Obter o consentimento informado dos indivíduos antes de recolher os seus dados. Isto significa fornecer informações claras sobre a forma como os dados serão utilizados e permitir que as pessoas optem por não participar, se assim o desejarem.

Responsabilidade empresarial

1. Desenvolvimento de directrizes éticas

- o Estruturas éticas: Estabelecer estruturas éticas abrangentes que orientem o desenvolvimento e a implantação da IA dentro da organização. Essas estruturas devem estar alinhadas com valores corporativos e padrões éticos mais amplos.

- o Código de Conduta: Criar um código de conduta para o desenvolvimento da IA que defina práticas e comportamentos aceitáveis, assegurando que todos os funcionários e partes interessadas estejam cientes dos padrões éticos a serem respeitados.

2. Promover uma cultura da ética

- o Compromisso da liderança: Assegurar que os líderes organizacionais estejam comprometidos com práticas éticas de IA e definam o tom para o resto da organização. Isso envolve tornar a ética uma parte essencial da missão e dos valores da empresa.

- o Formação dos funcionários: Fornecer treinamento e educação contínuos para os funcionários sobre práticas éticas de IA. Isso ajuda a construir uma cultura de ética e garante que todos na organização entendam a importância das considerações éticas na implantação da IA.

3. Envolvimento das partes interessadas

- o Tomada de decisões inclusiva: Envolver uma gama diversificada de partes interessadas nas discussões sobre a implementação da IA. Isso inclui funcionários, clientes, reguladores e organizações da sociedade civil.

- o Mecanismos de feedback: Implementação de mecanismos de feedback para reunir contribuições das partes interessadas sobre as práticas e políticas de IA. Isto pode ajudar a identificar potenciais questões éticas e áreas a melhorar.

Considerações regulamentares e jurídicas

1. Regulamentos em vigor

- o Leis de proteção de dados: Cumprir os regulamentos de proteção de dados, como o Regulamento Geral de Proteção de Dados (GDPR) na Europa e a Lei de Privacidade do Consumidor da Califórnia (CCPA) nos Estados Unidos. Estas leis estabelecem normas de privacidade e proteção de dados que os sistemas de IA devem cumprir.

- o Leis Trabalhistas: Garantir que a implantação da IA não viole as leis trabalhistas relacionadas aos direitos dos trabalhadores, salários justos e condições seguras de trabalho. Isso inclui considerar o impacto da IA no emprego e na segurança do trabalho.

2. Necessidades regulamentares futuras

- o Legislação específica para IA: Defender o desenvolvimento de novos regulamentos que abordem especificamente os desafios éticos únicos colocados pela IA. Isto inclui o estabelecimento de padrões de transparência, responsabilidade e justiça nos sistemas de IA.

- o Normas globais: Promover a criação de padrões globais para a implantação ética da IA. Isso pode ajudar a garantir consistência e justiça em diferentes jurisdições e evitar a arbitragem regulatória.

Estratégias para equilibrar a eficiência e a ética

1. Desenvolvimento ético da IA

   o Human-in-the-Loop: Incorporar a supervisão humana na tomada de decisões da IA
   processos. Isto pode ajudar a garantir que os sistemas de IA estão em conformidade com as normas éticas e que os seres humanos podem intervir se necessário.

   o Monitorização e avaliação contínuas: Implementar sistemas para o controlo e avaliação contínuos dos sistemas de IA. Isto pode ajudar a identificar e resolver questões éticas à medida que estas surgem e garantir que os sistemas de IA continuam a funcionar de forma justa e transparente.

2. Considerações sobre os empregados e a força de trabalho

   o Requalificação e atualização de competências: Investir em programas de requalificação e atualização de competências para ajudar os funcionários a se adaptarem às mudanças provocadas pela IA. Isso pode ajudar a mitigar o deslocamento de empregos e garantir que os trabalhadores estejam preparados para novas funções criadas pelas tecnologias de IA.

   o Sistemas de apoio para trabalhadores deslocados: Fornecer sistemas de apoio aos trabalhadores que são deslocados pela IA, como serviços de colocação de emprego, assistência financeira e aconselhamento. Isso pode ajudar a garantir que a transição para um local de trabalho impulsionado pela IA seja justa e humana.

3. Tecnologia e inovação

   o Conceção inclusiva: Assegurar que os sistemas de IA são concebidos tendo em mente a inclusão, tendo em conta as necessidades e perspectivas de diversos grupos de utilizadores. Isto pode ajudar a evitar preconceitos e a promover resultados justos.

   o Colaboração interdisciplinar: Incentivar a colaboração entre tecnólogos, especialistas em ética, cientistas sociais e outras partes interessadas no desenvolvimento de sistemas de IA. Isto pode ajudar a garantir que as considerações éticas sejam integradas na conceção e implantação de tecnologias de IA.

Estudos de caso

1. Actos de equilíbrio bem sucedidos

   o Exemplos de empresas: Destacar empresas que conseguiram equilibrar com sucesso a eficiência e a ética nas suas implementações de IA. Discute as estratégias que utilizaram e os resultados positivos alcançados.

   o Melhores práticas: Identificar as melhores práticas a partir destes exemplos que podem ser aplicadas de forma mais alargada a outras organizações e indústrias.

2. Lições dos fracassos

   o Armadilhas éticas: Análise de casos em que as implementações de IA enfrentaram desafios éticos ou não conseguiram equilibrar a eficiência com considerações éticas. Discute as lições aprendidas e as medidas adoptadas para resolver estas questões.

   o Medidas correctivas: Examinar as medidas correctivas implementadas pelas organizações para resolver falhas éticas e restaurar a confiança entre as partes interessadas.

Equilibrar a eficiência e a ética na implantação da IA no local de trabalho é crucial para garantir que os benefícios da IA sejam realizados sem comprometer os padrões éticos. Isso requer uma abordagem abrangente que inclui o desenvolvimento de estruturas éticas, forte responsabilidade corporativa, conformidade regulatória e envolvimento ativo das partes interessadas. Ao priorizar a justiça, a transparência, a responsabilidade e a privacidade, as organizações podem alavancar a IA para impulsionar a eficiência e a inovação, mantendo a confiança de seus funcionários e outras partes interessadas. Este capítulo conclui enfatizando a importância da avaliação e adaptação contínuas para acompanhar a evolução do cenário ético da IA.

Conclusão

Tal como explorámos em "Ethical Machines: Equilíbrio entre progresso e responsabilidade", a integração da inteligência artificial (IA) em vários aspectos da sociedade tem um imenso potencial de inovação, eficiência e progresso. No entanto, a par destas oportunidades, surgem desafios éticos significativos que devem ser abordados para garantir que as tecnologias de IA são desenvolvidas e utilizadas de forma responsável. Este livro sublinhou a necessidade de quadros éticos sólidos baseados em princípios como a justiça, a transparência, a responsabilidade e a privacidade. Destacou também a importância de abordar questões como o enviesamento algorítmico, as preocupações com a privacidade, a deslocação de postos de trabalho e a necessidade de transparência. Através de estudos de casos do mundo real, vimos tanto os sucessos como as armadilhas da implementação da IA, fornecendo lições valiosas para o futuro. À medida que as tecnologias de IA continuam a evoluir, é crucial antecipar os desafios éticos emergentes e preparar-se para as suas implicações. Alcançar um equilíbrio entre o progresso e a responsabilidade ética exige um esforço coletivo de tecnólogos, especialistas em ética, decisores políticos, educadores e da sociedade em geral. Ao fomentar uma cultura de inovação ética e ao promover normas globais, podemos garantir que a IA serve como uma força para o bem, impulsionando o progresso ao mesmo tempo que defende os mais elevados padrões de responsabilidade ética. Em última análise, trabalhando em conjunto, podemos criar um futuro em que a IA melhore o bem-estar humano, promova a justiça social e se alinhe com os nossos valores partilhados.

Referências

LeCun, Y., Bengio, Y., & Hinton, G. (2015). Aprendizagem profunda. Nature, 521(7553), 436-444.

Russell, S. J., & Norvig, P. (2016). Artificial intelligence: Uma abordagem moderna.Pearson.

Esteva, A., Kuprel, B., Novoa, R. A., Ko, J., Swetter, S. M., Blau, H. M., & Thrun, S.(2017). Classificação do cancro da pele ao nível do dermatologista com redes neurais profundas.Nature, 542(7639), 115-118.

Topol, E. J. (2019). Medicina de alto desempenho: A convergência da inteligência humana e artificial. Nature Medicine, 25(1), 44-56.

Rajkomar, A., Dean, J., & Kohane, I. (2019). Aprendizagem de máquina em medicina. New England Journal of Medicine, 380(14), 1347-1358.

Char, D. S., Shah, N. H., Magnus, D., Hwang, T. J., & Topol, E. J. (2018). Implementando o aprendizado de máquina nos cuidados de saúde - abordando desafios éticos. New England Journal of Medicine, 378(11), 981-983.

Beam, A. L., & Kohane, I. S. (2018). Big data e aprendizado de máquina em cuidados de saúde.JAMA, 319 (13), 1317-1318.

Adadi, A., & Berrada, M. (2018). Espreitando dentro da caixa preta: Uma pesquisa sobre Inteligência Artificial Explicável (XAI). IEEE Access,6, 52138-52160. https://doi.org/10.1109/access.2018.2870052

More Books!

yes
I want morebooks!

Buy your books fast and straightforward online - at one of world's fastest growing online book stores! Environmentally sound due to Print-on-Demand technologies.

Buy your books online at
www.morebooks.shop

Compre os seus livros mais rápido e diretamente na internet, em uma das livrarias on-line com o maior crescimento no mundo! Produção que protege o meio ambiente através das tecnologias de impressão sob demanda.

Compre os seus livros on-line em
www.morebooks.shop

Printed by Books on Demand GmbH, Norderstedt / Germany